Für Johann und Joseph

ISBN 3-219-11249-8
Alle Rechte vorbehalten
Umschlag, Illustrationen und Layout von Katharina Grossmann-Hensel
Gesetzt nach der neuen Rechtschreibung
Copyright © 2006 by Annette Betz Verlag
im Verlag Carl Ueberreuter, Wien – München
Printed in Austria
1 3 5 7 6 4 2

Annette Betz im Internet: www.annettebetz.com

Wie Mama und Papa Verliebte wurden

Text und Illustrationen von
Katharina Grossmann-Hensel

ANNETTE BETZ

Früher, als meine Eltern ganz klein waren, kannten sie sich noch gar nicht. Mama mochte alles, was bunt ist, und Papa alles, was nicht bunt ist.

Sobald mein Papa bis zehn zählen konnte, gab er jedem Regalfach eine Nummer. War ihm langweilig, räumte er die Kuh aus Fach 9 einfach in Fach 4.

Wenn Mama sich morgens anziehen sollte, rief sie: »Drei, eins, zwei!«, sprang in einen riesigen Klamottenhaufen und kraulte so lange hindurch, bis genug Sachen an ihr hingen.

Mama wuchs und Papa wuchs und sie wurden Erwachsene. Sie zogen in die Stadt, um zu arbeiten.
Papa saß den ganzen Tag in seinem Supermarkt. Der war sehr ordentlich und es gab nur schwarzweiße Sachen zu kaufen. Die Leute gingen hinein, wenn sie Schuhcreme oder Waschpulver brauchten.
Hier ist es aber ungemütlich, dachten sie dann und kamen nie wieder. Es war nicht viel los in Papas Supermarkt.

Mama verkaufte bunte Kleider, die sie selbst nähte. Aber ihr Geschäft war so durcheinander, dass die Leute dachten, es sei eine Müllhalde. Auf die Idee, dort etwas zu kaufen, kamen sie selten.

Im Winter saß Mama am Fenster und wartete auf die Farben. Ach, wäre das schön, einen Mann zu haben, der wild mit mir tanzt und alles durcheinander bringt, dachte sie.

Im Sommer war es Papa viel zu bunt. Er sprang von Schatten zu Schatten. Ach, wäre das schön, eine Frau zu haben, die mit mir in der dunklen Wohnung bleibt und Schach spielt, dachte er.

Mama und Papa waren allein.
Nachts sahen sie beide in denselben Himmel.
Gibt es denn niemanden da draußen, der zu mir passt?,
fragten sie sich.

Eines Tages ging Papa die Straße entlang, ohne auf die Lücken zwischen den Gehwegplatten zu treten.
Mama war mal wieder zu spät und rannte, als sie am Himmel einen seltsamen Vogel entdeckte. Und dann ... an der Ecke ... knallte es!
Sie hielten sich die Köpfe und sahen einander an.
Papa wurde etwas rot und Mama ein bisschen blass.
»Jetzt brauche ich erst mal einen Kaffee!«,
rief sie.

»Sie haben aber ein hübsches Kleid an«, sagte Papa im Café. Komisch, denn das Kleid war gar nicht nach seinem Geschmack.
»Der Kittel steht Ihnen auch ausgezeichnet«, sagte Mama. Merkwürdig, denn er war gebügelt und fleckenfrei.

In Mamas Bauch kribbelte es so sehr, dass sie Luftblasen hustete, und Papas Herz klopfte so laut, dass der Tisch wackelte. Das muss am Kaffee liegen, dachten sie.

Auf dem Weg nach Hause tänzelte Papa die Bordsteinkante entlang. Abends faltete er seine Hose zusammen, aber er legte sie nicht wie sonst auf den Stuhl, sondern schmiss sie einfach in den Raum hinein.
In der Nacht träumte er von einem bunten Kleid.
Am Morgen wachte er auf und wusste nicht mehr, was er zu tun hatte. Papa hatte alles vergessen, in seinem Kopf war nur noch Platz für bunte Kleider.
Was ist denn bloß los?, fragte er sich.

Auch Mama stellte fest, dass mit ihr etwas nicht stimmte. Morgens nähte sie Kleider mit Herzen drauf, mittags Einkaufstüten in Herzform und nachmittags einen weißen Kittel.
Was passiert mit mir?, fragte sie sich, während sie zum ersten Mal den Laden aufräumte.
Mama war ganz schlecht und sie konnte nichts mehr essen.
Papas Bauch fühlte sich an, als hätte er ein großes Loch.
Irgendetwas fehlt mir, dachten beide. Aber was war es bloß?

Am nächsten Tag starrte Papa auf seine bunt gesprenkelten Beine und schlug die Hände vor sein rotes Gesicht.
»Ich glaube, ich bin krank!«, stöhnte er, sprang aus dem Bett, rutschte das Treppengeländer hinab und hüpfte zum Arzt.
Und wer saß schon im Wartezimmer, als Papa eintrat?
Mama! Ganz blass und im Gesicht eine weiße Nase!
»Wir haben einen ansteckenden Virus!«, erklärte Papa dem Arzt. »Ich bin plötzlich ganz bunt und durcheinander!«
»Und ich werde langsam schwarzweiß und ordentlich. Wir haben einen gefährlichen, ansteckenden Virus!«, sagte Mama.
»Seit wann fühlen Sie sich so?«, fragte der Arzt, während er sie nacheinander untersuchte.

Mamas Puls ging in die Höhe, sobald sie zu Papa schaute.
»Seit wir zusammengestoßen sind!«, stellten Mama und Papa fest.
Papas Herz raste, sobald er Mama ansah.
»Aha!« Der Arzt beobachtete, wie Mama und Papa sich anstrahlten.
»Und hat sich Ihr Zustand irgendwie verändert?«
»Im Wartezimmer ging es mir schon viel besser«, überlegte Mama.
»Das Loch im Bauch ist seit einer halben Stunde verschwunden!«, sagte Papa.
»Verstehe!«, rief der Arzt. »Ich verordne: Gemeinsam arbeiten und viel frische Luft! Dann wird sich Ihr Virus schon erledigen.«

Also bauten Mama und Papa den Supermarkt um. Mama hing ihre Kleider an die weißen Wände und Papa half beim Sortieren der bunten Einkaufstüten. Obwohl Papa jedes Mal noch röter wurde, wenn seine Hand Mamas Hand berührte, fühlte er sich wunderbar.
Wenn Papa neben Mama Dosen einräumte, war sie so aufgeregt und schwitzig, dass ihr alle Kleiderbügel aus den Händen rutschten. Sie wurde noch weißer um die Nase und hatte trotzdem allerbeste Laune.

Beim Eröffnungsfest spielte Papa auf dem Klavier vor, mal auf den weißen, mal auf den schwarzen Tasten.
Mama saß die ganze Zeit an der Kasse, weil so viele Leute kamen.
Am Abend war der Laden leer gekauft.
Mama und Papa standen auf dem Parkplatz und warteten darauf, dass der Virus verschwand.
»Nun wird bestimmt wieder alles wie vorher!«, sagte Mama.
Aber nichts passierte.
»Eigentlich ist es so viel schöner als vorher«, flüsterte Papa.

Mama fühlte sich so leicht, dass ihre Füße ein Stück von der Erde abhoben.
Auch Papa begann zu schweben. »Was ist denn das?«, rief er.
Eine rosa Wolke flog auf sie zu.
»Natürlich!« Mama klatschte in die Hände und zog Papa auf die Wolke.
»Endlich weiß ich, was mit uns los ist!« Sie rückte ganz nah an Papa heran und
gab ihm einen langen Kuss. Jetzt hatte Papa es auch verstanden.
»Wir sind Verliebte!« Und sie küssten sich immer noch,
hoch oben am Himmel.

»Wie? Was?«, frage ich, »WARUM wurdet ihr denn Verliebte?«
Mama und Papa lächeln nur und sagen nichts.

Eines Tages werde ich auch jemanden zum Verlieben finden.
Da bin ich sicher.